RATUS POCHE

COLLECTION DIRIGÉE PAR Jeanine et Jean Guion

Ralette et le serpent

Dans la série « Les aventures de Ralette » :

- Ralette au feu d'artifice
- Ralette fait des crêpes
- Ralette fait du camping
- Ralette fait du judo
- La cachette de Ralette
- Une surprise pour Ralette
- Roméo et le poney de Ralette
- Ralette et le serpent
- Ralette a disparu
- Ralette marchande de tableaux
- Ralette au bord de la mer

© Hatier Paris 1991, ISSN 1259 4652, ISBN 2-218 05656-9

Ralette
et le serpent

Une histoire de Jeanine et Jean Guion
illustrée par Luiz Carlos Catani

HATIER

LES PERSONNAGES
DE L'HISTOIRE

Raldo
le rat musclé

Lili
la fouine d'affaires

Ralette
la reine des chipies

Ralette terminait sa toilette quand le téléphone sonna. Elle fit la grimace, comme si elle devinait une mauvaise nouvelle.

– Allô ? demanda la rate.

– C'est moi, Lili ! répondit la voix de la fouine. Viens vite, pendant que tu n'étais pas là, ils ont élu un chef ! Et ce n'est pas toi.

Il y eut un silence. Ralette était devenue toute pâle. Le chef, ça ne pouvait être qu'elle.

– J'arrive ! dit-elle en serrant les dents.

Qu'est-ce que les rats ont fait, pendant que Ralette n'était pas là ?

Ralette sauta sur sa bicyclette et pédala jusqu'au vieux chêne où se tenaient toutes les réunions.

– Qu'est-ce que c'est que cette histoire ? hurla-t-elle, à peine descendue de vélo. Vous avez osé élire un chef pendant que 2 je n'étais pas là, hein ?

On vit les rats se serrer les uns contre les autres. Presque tous avaient peur de Ralette.

– Et qui est ce chef ? continua-t-elle, rouge de colère, en regardant au ras du sol, 3 comme s'il s'agissait d'un tout petit chef.

Quelle photo représente Raldo dans l'histoire ?

Le chef, c'était Raldo. Les rats venaient de lui jurer obéissance. Ils l'avaient installé sur un trône grâce à Lili. La fouine avait sorti de son grenier une chaise bancale qu'elle avait placée sur une caisse, en disant que c'était un vrai trône d'autrefois. Elle avait ajouté une couronne de carton qu'elle avait comptée au prix de gros, qui était un gros prix. Le rat musclé avait cru Lili et il avait payé le prix fort.

La fouine avait placé le trône sous le vieux chêne. Maintenant, Raldo se sentait vraiment roi.

Dans l'histoire, que veut Raldo ?

Ralette regardait toujours par terre. On aurait dit qu'elle cherchait des champignons.

– Je ne vois pas de chef ! dit Ralette après avoir fouillé dans un tas de feuilles mortes.

– Idiote ! cria Raldo d'une voix forte. Je suis ici. C'est moi, le roi ! Mets-toi à genoux !

Ralette se redressa. Elle avait fini de jouer. Elle regarda Raldo droit dans les yeux et déclara devant tous les rats :

– Moi ! A genoux devant toi ? Ça, jamais !

Qu'est-ce que Ralette dit à Raldo ?

Raldo haussa les épaules :

– Tu es jalouse parce que tu es moins forte que moi. Regarde.

Il gonfla les muscles de sa poitrine et montra ses biceps. Tous les rats admirèrent. 7

– Je suis le roi parce que je suis le plus fort à la course, à la boxe, au foot et aux billes !

– Tu n'es pas le plus fort ! répliqua vivement Ralette, et tu es le plus bête. Tu comptes encore sur tes doigts !

Raldo sentit la moutarde lui monter au 8
nez. Il se dressa sur son trône, le poing
tendu vers Ralette, mais il faillit tomber
et se rassit aussitôt. Voyant leur chef en
difficulté, les rats se firent menaçants et
montrèrent les dents en grognant. Lili
intervint pour éviter la bagarre :
– On pourrait faire un concours pour savoir
si Ralette est aussi forte que Raldo…
Tous les rats éclatèrent de rire. Qu'une
fille puisse se mesurer à leur chef, cela
les amusait.

Que font les rats quand Ralette dit qu'une fille peut être plus forte qu'un garçon ?

LA CLAIRIÈRE

LES BONNES PHOTOS DU MOIS

La semaine prochaine nous publierons notre nouveau jeu des photos ratées. La photo de Ralette a disparu au moment où le photographe de notre journal recevait un coup de bâton derrière les oreilles. On ignore qui est le malfaisant qui a assommé ce pauvre garçon.

– Ça suffit ! hurla Ralette pour obtenir le silence. Une fille peut être plus forte qu'un garçon. Et si je suis plus forte que Raldo, c'est moi qui prendrai le trône et la couronne.

Les rires reprirent de plus belle. Raldo se tapait le front avec l'index, un autre tirait la langue à Ralette, un troisième lui faisait les cornes, un quatrième marchait sur la pointe des pieds en criant d'une voix aiguë. Bref, tout le monde se moquait de la petite rate. Furieuse, Ralette serra les dents et les poings :

– On va voir ce qu'on va voir…

Quel animal fait peur aux rats ?

Un lourd silence pesa tout à coup sur la clairière. Les rats avaient fini de rire. Une véritable bataille rangée se préparait. Ralette avait trouvé un bâton qu'elle tenait fermement, prête à assommer tous les copains de Raldo. Comme elle allait lever son bâton pour frapper un crâne qui s'approchait trop près d'elle, on entendit un bruit de feuilles froissées. Les rats dressèrent l'oreille. Ils avaient reconnu ce bruit. C'était celui d'un serpent. Et les rats ont tous peur des serpents…

Quel est le serpent de l'histoire ?

C'était un vieux serpent qui faisait sa promenade matinale. Il rampait paisiblement, humant un brin de lavande par-ci, une touffe de romarin par-là, disant une galanterie aux sauterelles qu'il croisait et leur souhaitant une bonne journée. Quand il déboucha dans la clairière, il fut surpris d'y trouver une armée de rats en ordre de bataille. Il s'arrêta, regarda autour de lui, puis changea sagement de direction.

– Pouah ! pensa le serpent. Ces mangeurs de fromage sont bagarreurs et en plus, ils ne se lavent jamais les pieds…

24

Le détour du serpent effraya les rats. 11

– Il va nous manger ! dit le plus peureux d'une voix qu'on entendait à peine.

– J'ai une idée ! dit Ralette. Le chef sera celui qui attrapera le serpent !

– M'attraper ? s'étonna le vieux reptile 12 qui avait tout entendu. Elle est folle, celle-là !

Il continua son chemin. Les rats ne bougeaient pas. Ils étaient terrorisés à l'idée qu'un 13 serpent passait près d'eux.

**Comment Ralette lance-t-elle
le serpent ?**

Le cœur battant, Ralette s'approcha du serpent qui se retourna lentement :

– Bonjour, dit le reptile très poliment. C'est toi qui veux m'attraper ? Mais ne serais-tu pas la fameuse Ralette dont tout le monde parle ?

Le vieux serpent n'eut pas le temps d'en dire davantage. D'un geste vif, Ralette le saisit par la queue et le fit tourner en l'air comme un lasso.

– Oh, oh, oh… faisait le serpent qui prenait le mal de l'air… Oh, oh, oh, ma tête…

Où tombe le vieux serpent ?

28

Le serpent tournoya ainsi sept ou huit fois, puis Ralette le lâcha d'un seul coup. La pauvre bête fut projetée dans les airs. Elle vint frapper la poitrine de Raldo, glissa le long de sa jambe droite et se retrouva au pied du trône. Le chef des rats était paralysé par la peur.

– Excusez-moi de vous avoir rampé sur les pieds ! dit le vieux serpent en s'en allant.

Quel article dit la vérité ?

Le roi est mort...

Le roi Raldo est mort de rire en apprenant que Ralette avait eu peur d'un serpent. Les témoins disent que Ralette s'est sauvée en courant quand elle a vu un vieux serpent malade faire sa promenade matinale.

Rate et reine.

Le roi Raldo a été obligé d'abandonner son trône parce qu'il avait eu peur d'un serpent. Ralette a pris sa place, sous les acclamations des rats. Elle avait montré son courage en attrapant un serpent par la queue !

Révolution ratée !

Une chipie a lancé une bombe contre Raldo, alors qu'il venait d'être élu chef des rats. Heureusement, notre beau roi a attrapé la bombe au vol et l'a lancée au loin de toutes ses forces. Et c'est Ralette qui l'a reçue sur la tête.

Les rats regardaient maintenant Ralette avec admiration.

– Qui est le chef, hein ? demanda-t-elle aux rats sur un ton de défi.

Elle s'adressa ensuite à Raldo :

– Allez, descends de ton trône, froussard ! Raldo obéit sans protester. Il descendit de son trône, la tête basse. Puis Ralette se retourna vers les rats :

– Vous ne voulez tout de même pas d'un chef qui devient tout pâle quand il voit un serpent, non ?

Sans attendre de réponse, Ralette sauta sur le trône vide et leva les bras en signe de victoire.

– Vive Ralette ! Vive Ralette ! hurlèrent tous les rats.

Qui est roi des rats, à la fin de l'histoire ?

A quelques pas de là, le vieux serpent ronchonnait :

– Insupportable, cette Ralette ! Moi qui me promenais tranquillement ! Mon 16 médecin m'avait dit de ramper trois kilomètres tous les matins ! Je rentre chez moi, je me mets au lit et je n'en sors plus...

C'est ainsi que Ralette est devenue la reine des rats. Depuis ce jour, tout le monde la respecte. Pensez ! Il en faut du 17 courage pour attraper un serpent par la queue, même si c'est un vieux serpent paisible qui fait sa gymnastique matinale.

1
ils ont **élu**
Ils ont choisi en
votant.

2
élire
Choisir quelqu'un en
votant.

3
au **ras** du sol
Tout près de la terre.

4
une chaise **bancale**

5
un **trône**
Le **trône** est le siège
du roi.

6
le prix fort
Payer le prix fort,
c'est payer cher.

7

les biceps
Ce sont les muscles du bras.

8

la moutarde lui monte au nez
Il se met en colère.

9

en **humant**
En respirant pour sentir.

10

une **galanterie**
Une gentillesse, une politesse.

11

il **effraya**
(on prononce : *é-fré-ia*)
Effrayer, c'est faire peur.

12

un **reptile**
C'est un animal qui rampe. Le serpent est un **reptile**.

13

terrorisé
Ils étaient **terrorisés** :
ils avaient très peur.

14

paralysé
Il a si peur qu'il ne
peut plus bouger.

15

un **ton de défi**
En écoutant sa voix,
on devine que Ralette
se croit plus forte que
Raldo.

16

tranquillement
(on prononce :
tran-ki-le-man)

17

on la **respecte**
On l'admire, on lui
obéit, on est poli avec
elle.

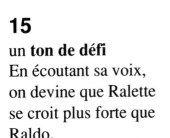

Maquette Jean-Yves Grall, mise en page Joseph Dorly

Imprimé en France par Pollina, 85400 Luçon - n° 84298
Dépôt légal n° 13842 - Juillet 2001